# STÉPHANE REY

# LES BUMS

## TOME 2

Pour Corinne !

Stéphane Rey
alias Archie ;)

6 PIEDS SOUS TERRE

# DANS LA MÊME COLLECTION

© 6 PIEDS SOUS TERRE ÉDITIONS, 2009

11 rue de la Gare  34130 St-Jean de Védas  France - Tous droits réservés
6pieds@pastis.org - www.pastis.org/6piedssousterre - 6pieds.over-blog.fr
isbn 978-2-35212-043-8 - Imprimé en France en janvier 2009 par Mondial Livre

Publié avec le concours de la
Région Languedoc-Roussillon

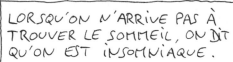

32

C'EST DONC DE PENSER À LA MORT QUI TE REND INSOMNIAQUE.

POURQUOI EST-CE QUE ÇA T'ANGOISSE AUTANT ?

L'IDÉE DE DISPARAÎTRE NE T'INQUIÈTE PAS ?

ENFIN ARTHUR ! TOUT LE MONDE SAIT BIEN QUE LORSQU'ON MEURT, NOTRE ESPRIT QUITTE NOTRE CORPS ET VA AU PARADIS. ON NE DISPARAÎT PAS !

C'EST MOI QUI LUI DIS OU TOI ?

34

38

ET OÙ VIVRAIT TON DIEU ?

AU PARADIS. DANS LES NUAGES.

VRAIMENT ?

J'TE CROIS PAS !

CET ÉTÉ JE VAIS EN VACANCES EN AVION. JE VOUS RAMÈNERAI DES PHOTOS !

39

40

41

42

43

MAIS DIEU NE POUVAIT PAS ÉCRIRE LA BOUBLE LUI MÊME ?

JE VOUS AI DÉJÀ DIT QUE DIEU ÉTAIT IMMATÉRIEL.

AAAH. C'EST POUR ÇA QU'IL A DEMANDÉ À ROUGEOLE D'ÉCRIRE SON LIVRE.

DONC, IL A BESOIN QU'UN POISSON RÉDIGE SON LIVRE, MAIS PAR CONTRE, C'EST LUI QUI A FILÉ UN COUP DE MAIN À MOÏSE EN OUVRANT LA MER ROUGE EN DEUX. C'EST UN MANUEL QUOI !

48

50

51

55

58